T0284334

THICH NHAT HANH

Cómo
conectar

Traducción de Antonieta Martín

editorial Kairós

Título original: HOW TO CONNECT by Thich Nhat Hanh

© 2020 by Plum Village Community of Engaged Buddhism, Inc.
Todos los derechos reservados. No se puede reproducir ninguna parte de este libro, por ningún medio
electrónico o mecánico, ni por cualquier tipo de almacenamiento de información o sistema de recuperación,
sin el permiso por escrito de Plum Village Community of Engaged Buddhism, Inc.

© de la edición en castellano:
2022 by Editorial Kairós, S.A.
Numancia 117-121, 08029 Barcelona, Spain
www.editorialkairos.com

Ilustraciones © 2019 by Jason DeAntonis

© Traducción del inglés al castellano: Antonieta Martín

Primera edición: Enero 2023
ISBN: 978-84-1121-050-8
Depósito legal: B 19.669-2022

Fotocomposición: Florence Carreté
Tipografía: Californian, cuerpo 10,5, interlineado 16

Impresión y encuadernación: Índice. 08040 Barcelona

Sumario

Notas sobre conectar
con nosotros,
con los demás
y con la naturaleza

Estamos aquí para despertar de la ilusión de que estamos separados de todo.

La plena consciencia es un bálsamo sanador que puede poner fin a nuestra sensación de vivir separados. Es estar conscientes de todo lo que está sucediendo dentro y alrededor de nosotros, sin juzgarlo.

Cuando centramos nuestra atención y conectamos con cualquier cosa que estamos haciendo, ya estemos andando, respirando, cepillando nuestros dientes o comiendo, volvemos a estar presentes en el aquí y el ahora, que es donde radica la felicidad.

Cuando estoy con plena consciencia, disfruto más de todo, desde el primer sorbo de té hasta el primer paso que doy al salir de casa. Estoy aquí, disponible para la vida. Y la vida está disponible para mí.

Cuando practicamos la respiración y el andar con plena consciencia, podemos conectar con las maravillas de nuestro cuerpo y con las maravillas de la Tierra y de todo el cosmos.

La energía
de la plena consciencia

L a energía de la plena consciencia nos ayuda a tener la estabilidad que necesitamos para reconocer y abrazar nuestras emociones difíciles y no dejar que nos dominen. Podemos seguir en contacto con las maravillas de la vida que nos rodean y con la generosidad de la Madre Tierra, reconociendo todas las condiciones de felicidad que ya existen para nosotros.

Conscientes de la respiración

En la vida diaria, olvidamos a menudo que cuerpo y mente están conectados. Nuestro cuerpo está aquí, pero nuestra mente está en otro lado. Nos dejamos atrapar fácilmente por el trabajo, los planes, las ansiedades, los sueños y dejamos de habitar en nuestro cuerpo. Actualmente estamos viviendo más y más en nuestra mente, separados del mundo natural. Nuestra respiración es el puente que conecta mente y cuerpo. Regresar conscientemente a nuestra respiración y seguirla en su trayecto desde que inicia hasta que termina, vuelve a unir cuerpo y mente, recordándonos el milagro del momento presente. Ser conscientes de nuestra inhalación y nuestra exhalación nos calma y trae de nuevo la paz a nuestro cuerpo.

Mirar con claridad

L a práctica de poner en armonía cuerpo y mente nos brinda claridad y nos ayuda a deshacernos de las falsas percepciones. Cuando nos sentimos sobrepasados, confundidos o sin poder pensar claramente, no percibimos las cosas tal como son, por tanto, nuestras palabras y acciones pueden crear sufrimiento y separación entre nosotros y los demás. Cuando cultivamos la paz dentro de nosotros, comenzamos a ver las cosas como realmente son. Cuando podemos mirar con claridad, surge la comprensión y el amor, haciendo que la ira y los celos desaparezcan. Nos aceptamos tal como somos y aceptamos a los otros también como son, mirándonos, al igual que a los demás, con ojos de compasión.

Disfrutar de estar sentados

Date la oportunidad de sentarte en quietud, con plena consciencia y concentración. Deja que tu respiración siga su ritmo natural. Disfruta tu inhalación y exhalación. No hagas ningún esfuerzo, la relajación llegará. Cuando estés completamente relajado, también surgirá la sanación. Cuando estás en esa relajación completa, la sanación toma su lugar. Mientras estamos sentados, podemos hacernos conscientes de que afuera, arriba en el firmamento, hay muchas estrellas. Quizá no podamos verlas y, sin embargo, ellas están ahí. Estamos sentados sobre un planeta increíblemente hermoso que gira en nuestra galaxia, la Vía Láctea, junto con un río de trillones de estrellas. Si podemos ser conscientes de esto cuando nos sentamos, ¿a qué esperamos para sentarnos? Vemos claramente las maravillas del universo y de nuestro planeta Tierra. Sentados con esta consciencia, podemos abrazar a todo el mundo, tanto del pasado como del futuro, y nuestra felicidad no tiene límites.

Volver a casa
dentro de nosotros

En la vida diaria, a menudo nos dejamos llevar por nuestros pensamientos, sensaciones y percepciones. Pocas veces somos libres. Somos como una hoja que flota en el océano con las olas llevándonos de un lado a otro. No somos dueños de nosotros mismos ni de nuestras situaciones. Es tan importante volver a casa y dejar de ser víctimas de nuestras circunstancias. Regresar a nosotros por medio de la inhalación y la exhalación es la práctica básica para tener paz.

Encontrar una base sólida

En nuestra sociedad hay innumerables personas que sufren de soledad. Tratamos de cubrir nuestros sentimientos de vacío por medio del consumo de mercancías o tratando constantemente de conectar con otros. La tecnología nos provee de múltiples instrumentos para estar conectados y, sin embargo, continuamos sintiéndonos solos. Podemos pasar todo el día tratando de conectarnos, revisando frecuentemente nuestro correo electrónico, enviando textos y mensajes, mirando vídeos, sin que se reduzca la gran soledad interior. Todos estamos buscando una base sólida, nuestro verdadero hogar, un lugar donde sentirnos a salvo, cómodos, satisfechos, sin más soledad. Pero ¿dónde está el hogar? Buda dijo que el hogar está dentro de nosotros, que existe una isla interior llena de paz, a la cual podemos regresar al respirar o andar con plena consciencia. Puedes visualizar una isla hermosa, con árboles, corrientes de agua clara, pájaros, sol y aire fresco. Una respiración, un paso, es todo lo que necesitamos para sentirnos en casa, cómodos, en el aquí y el ahora. Cuando volvemos a nosotros de esta manera y nos refugiamos en nuestra isla interior, nos convertimos en nuestro hogar y, al mismo tiempo, en refugio para otros.

El corazón de la práctica

Practicar la meditación en nuestra sociedad es muy difícil. Todo parece trabajar en concierto para alejarnos de nuestro verdadero ser y tenemos acceso a una multitud de cosas como el internet, juegos de vídeo y música que nos llevan fuera. La meditación es una oportunidad para volver a nosotros, darnos permiso de cuidar de nuestro cuerpo y nuestra mente, estar conscientes, sonreír, respirar, no hacer nada, solo regresar a nosotros para ver qué sucede dentro y a nuestro alrededor. Primero, nos damos permiso para sacar la tensión del cuerpo y de la mente. Después, podemos dedicar tiempo a mirar profundamente dentro de nosotros y de la situación en la que nos encontramos.

Llevar la meditación
a la vida diaria

¿Cómo podemos llevar la meditación de la sala de meditar a la cocina y la oficina? ¿Qué podemos hacer para practicar y eliminar la barrera entre la práctica y la no práctica? Tengo una amiga que sigue su respiración con plena consciencia entre llamadas telefónicas y eso la ayuda. Otro amigo hace meditación andando entre cada cita de negocios, la hace caminando con plena consciencia entre los edificios del centro de Denver, y el resultado es que sus reuniones son generalmente placenteras y exitosas. Podemos sacar la práctica de la sala de meditación y llevarla a nuestra vida diaria. La meditación, entonces, se convierte en materia del día a día.

Conectar con el pasado, el presente y el futuro

Plena consciencia significa que te estableces en el momento presente, pero eso no quiere decir que no puedas mirar y aprender del pasado o hacer planes para el futuro. Cuando traemos eventos pasados al momento presente y los hacemos objeto de la plena consciencia podemos aprender mucho. Cuando fuimos parte de esos eventos, no los vimos tan claramente como lo hacemos ahora. Con la práctica de la plena consciencia, tenemos nuevos ojos para mirar y podemos aprender mucho del pasado. Si estás realmente anclado en el momento presente y conviertes el futuro en el objeto de la plena consciencia puedes mirarlo profundamente y ver qué puedes hacer ahora para que ese futuro sea posible. La mejor forma de tener un buen futuro es cuidando el presente, porque el futuro está hecho del presente.

Verdadera comunicación

En la actualidad tenemos muchos dispositivos para comunicarnos y estar conectados (teléfonos inteligentes, computadoras, televisión, etc.), pero la comunicación se ha vuelto difícil entre parejas, padre e hijo, madre e hija... Tener muchos equipos electrónicos no significa que la calidad de nuestra comunicación sea mejor. Si no podemos estar en contacto con nosotros mismos para comprendernos y saber la causa de nuestro sufrimiento, de nuestro miedo o de nuestra ira, si no podemos comunicarnos con nosotros mismos, ¿cómo vamos a poder comunicarnos con otra persona? Solo cuando regresamos a nosotros y entramos en contacto con nuestro cuerpo, sensaciones, percepciones y sufrimiento, podemos desarrollar la capacidad de escucharnos y luego escuchar a otros.

Andar por senderos en el campo

Me gusta caminar solo, rodeado de senderos de arrozales y pastos silvestres, posando cada pie sobre la tierra con plena consciencia, dándome cuenta de que camino sobre una Tierra maravillosa. En esos momentos, la existencia se convierte en una realidad milagrosa y misteriosa.

El verdadero milagro
es andar sobre la Tierra

Las personas generalmente consideran que caminar sobre el agua o en el fino aire es un milagro. Pero yo pienso que el verdadero milagro es andar sobre la Tierra. Cada día estamos envueltos en un milagro del que ni siquiera nos damos cuenta: un cielo azul, nubes blancas, hojas verdes, los ojos curiosos de un niño, nuestros ojos. Todo es un milagro.

Andar
con plena consciencia

Andar con plena consciencia es un arte. Cuando estamos realmente presentes en cada paso y cada respiración, nuestra mente se calma y nos sentimos en paz. En ese estado, podemos experimentar varias revelaciones o miradas profundas y ver las cosas con mayor claridad. De pronto, nuestros problemas no parecen tan graves, nuestro sufrimiento es menos intenso y empezamos a notar las maravillas de la vida a nuestro alrededor, la belleza de los árboles, las flores, el canto de los pájaros.

Cuando tocas una cosa
con plena consciencia, tocas todo

Cuando estoy de pie sobre el suelo de nuestro centro de práctica en Plum Village, soy consciente de que estoy pisando tierra francesa. Y también soy consciente de que Francia está ligada al resto de Eurasia. Esta consciencia hace que el punto donde estás parado incluya toda la Tierra. Cuando practicas la meditación andando y te das cuenta de cada paso que das sobre el bello planeta Tierra, te liberas de visiones estrechas y de fronteras. En cada paso, tomas plena consciencia de toda la Tierra, y con esta consciencia te liberas de mucha aflicción y de ideas equivocadas. Cuando tocas una cosa con profunda consciencia, estás tocando todo el resto.

Interser

«Interser» significa que nada puede existir por sí mismo, sino que únicamente puede inter-ser con todo lo demás. Supón que miramos una rosa profundamente, con plena consciencia y concentración. Antes que pase mucho tiempo, descubriremos que una rosa está hecha solo de elementos no-rosa. ¿Qué es lo que miramos en la rosa? Vemos la nube, la lluvia, el sol, el suelo, los minerales, el jardinero... Si quitáramos los elementos no-rosa, no quedaría nada de ella. Una rosa no puede existir por sí misma. Una rosa tiene que inter-ser con todo el cosmos. Podemos vivir nuestra vida diaria mirando bajo la luz del interser. Y de esa manera, no nos veremos atrapados en nuestro pequeño yo. Veremos nuestra conexión, nuestra alegría y sufrimiento por todas partes.

Nosotros intersomos

Cuando miramos la tierra y nos miramos a nosotros, podemos darnos cuenta de que los seres humanos solo estamos hechos de elementos no humanos. Si miramos nuestro cuerpo, vemos minerales, animales, plantas y otros elementos. Podemos ver toda la evolución de la vida y de la especie humana. Si quitáramos los elementos no humanos, los humanos desapareceríamos. Por tanto, para proteger a la humanidad, debemos proteger los elementos no humanos.

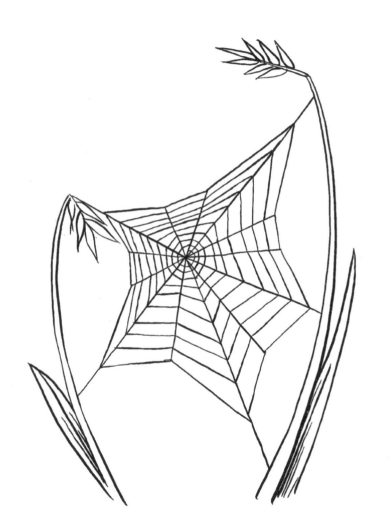

El uno contiene al todo

El presente contiene al pasado y al futuro. Cuando observo profundamente el presente, puedo tocar el pasado y el futuro. Mis ancestros continúan en mí y están presentes en cada célula de mi cuerpo. Puedo estar en contacto con mis descendientes, porque las futuras generaciones ya están presentes en mí. Cada paso consciente que doy con la plena consciencia, paz y libertad me nutre y también nutre a los ancestros que están dentro de mí y a incontables generaciones de descendientes, porque las futuras generaciones estan ya presentes en mí esperando manifestarse. Cuando practicamos la plena consciencia y mantenemos nuestro cuerpo y mente saludables lo hacemos no solo para nosotros, sino también para nuestros ancestros, nuestros padres, las generaciones futuras, la sociedad y el mundo.

No-yo

Practicar la meditación nos ayuda a ver la interconexión e interdependencia de todo lo que existe. No hay un fenómeno, ya sea humano o de otra naturaleza, que pueda surgir por sí mismo y sostenerse independientemente. Esto depende de eso; una cosa depende de otra para surgir y sostenerse. Esta es la visión profunda del interser, del no-yo, que simplemente significa que no existe una entidad separada y permanente, lo que nos incluye; nosotros también intersomos.

Escuchar la campana

Cuando era un joven monje en Vietnam, cada templo en las aldeas tenía una gran campana, como las de las iglesias en Europa. Cuando la campana era invitada a sonar, todos los habitantes dejaban de lado sus labores y hacían una pausa durante algunos momentos para inhalar y exhalar con plena consciencia. En Plum Village, mi comunidad de práctica en Francia, hacemos lo mismo. Tenemos varias llamadas de campana durante el día, hay campanas en el salón de meditación y campanas que nos llaman a las actividades y, cada vez que escuchamos una campana, volvemos a nosotros y disfrutamos nuestra respiración. Cuando inhalamos decimos en silencio: «Escucha, escucha», y cuando exhalamos decimos: «Este hermoso sonido me devuelve a mi verdadero hogar». Nuestro verdadero hogar es el momento presente.

Detenerse ante una luz roja

Cuando vemos una luz roja o una señal de detenernos, podemos sonreír y dar las gracias, porque nos ayudan a reconectarnos y vivir el momento presente. La luz roja es una campana de plena consciencia. Podíamos haber pensado que nos está impidiendo llegar más rápido a nuestro destino. Pero ahora sabemos que una luz roja es nuestra amiga, que nos ayuda a detener la carrera y nos llama a regresar al momento presente, donde podemos reencontrarnos con la vida y la paz. La próxima vez que estés atrapado en el tráfico, no luches. Si te sientas cómodamente y sonríes, disfrutarás el momento presente y harás que todos en el auto se relajen y sean felices.

Campanas
de plena consciencia

Con el tiempo, podemos identificar nuestras propias «campanas de plena consciencia», puede ser un sonido o una actividad diaria que hagamos repetidamente la que nos haga volver a nuestra respiración consciente. Puede ser una señal de tráfico, los tres primeros sonidos de una llamada de teléfono, subir o bajar algunos escalones, abrir o cerrar una puerta o andar el sendero hacia la puerta de entrada de tu casa. Puedes también bajar la aplicación de una campana de plena consciencia en tu teléfono o computadora de trabajo. Podemos usar todo esto como oportunidades para recordarnos que hagamos una pausa y volvamos a nuestro cuerpo y al momento presente.

Volver a nuestra ermita

Una soleada mañana después de una tormenta, decidí pasar el día en los bosques cerca de mi ermita. Antes de salir, abrí todas las ventanas y puertas para que el sol pudiera secar todas las cosas. Pero, por la tarde, cambió el tiempo. Sopló el viento y se juntaron nubes oscuras. Al recordar que lo había dejado todo abierto, volví de inmediato. Cuando llegué, vi que mi ermita estaba en una condición deplorable. Hacía frío, estaba oscuro dentro y mis papeles yacían esparcidos por el piso. Primero, cerré todas las ventanas y puertas. Después encendí una lámpara y la chimenea. Finalmente, recogí todos los papeles del piso, los puse sobre una mesa y coloqué una piedra encima de ellos. Ahora había luz y calor.

Me senté al lado del fuego y escuché el viento. Tomé consciencia de mi inhalación y de mi exhalación y sentí mucho contento. Hay momentos en la vida diaria en que nos sentimos infelices, vacíos y fríos y parece que todo va mal. Pensamos: «Este no es mi día». Así es exactamente como estaba mi ermita ese día. Lo mejor que puedes hacer en esos momentos es regresar a tu isla interior, a tu ermita, cerrar puertas y ventanas, encender una lámpara y hacer fuego en la chimenea. Esto significa que te detienes y que no sigues ocupado corriendo por todos lados, pensando o hablando, sino que regresas a tu interior, vuelves a tu ermita y te haces uno con tu respiración.

Nuestra ermita
está dentro de nosotros

Todos tenemos una ermita a la cual regresar, un lugar donde tomar refugio y respirar. Esto no significa que nos aislemos del mundo. Lo que significa es que estamos más en contacto con nosotros. Respirar es una buena forma de hacer ese contacto. Empezamos por darnos cuenta de nuestra inhalación y nuestra exhalación. Con la inhalación podemos decir: «Inhalando, estoy en el momento presente», y con la exhalación, «Exhalando, este es un momento maravilloso». Mientras vamos repitiendo estas frases, podemos simplemente usar las palabras «momento presente» cuando inhalamos y «momento maravilloso» cuando exhalamos. Respirar con plena consciencia hace que nuestra ermita se convierta en un lugar mucho más cómodo. Cuando nuestra ermita interior es cómoda y pacífica, nuestro contacto con el mundo exterior es más placentero.

El teléfono

Nuestro teléfono es un medio muy útil de comunicación. Nos ahorra tiempo y costos de viajes y nos conecta a unos con otros. Pero este teléfono puede convertirse en un tirano. Si pasamos tiempo en el teléfono sin darnos cuenta, perdemos un tiempo precioso y nuestra energía, nos perdemos a nosotros mismos y no logramos hacer lo que debemos. Muchos somos víctimas de nuestro teléfono. Cuando suene el teléfono, puedes practicar la respiración consciente y volver a ti antes de contestar. Recuerda que tú eres tu propio maestro. Puedes decir:

Inhalando, calmo mi cuerpo.
Exhalando, sonrío.

Antes de hacer una llamada o escribir un mensaje, podemos practicar la respiración con plena consciencia y recitar este verso:

Las palabras pueden viajar miles de kilómetros.
Que mis palabras creen comprensión mutua y amor.
Que sean tan hermosas como gemas preciosas,
tan adorables como las flores.

Hay muchas formas de llevar felicidad a los demás justo en este momento. Podemos empezar por hablar amablemente. La forma como hablamos puede dar a los otros autoestima, esperanza y confianza. El habla consciente es una práctica muy profunda. Cuando escogemos las palabras cuidadosamente, podemos hacer felices a quienes nos rodean.

Escucharnos
a nosotros mismos

Escuchar y hablar con plena consciencia nos ayuda a restablecer la comunicación. Comenzamos por regresar a nosotros mismos practicando un simple reconocimiento que implica escuchar cualquier pensamiento o emoción que surja, sin juzgar, y dejarlos pasar sin abrazarlos. Podemos aprender a escuchar nuestro sufrimiento. No debemos tratar de huir de nosotros o de no reconocer sentimientos no placenteros o incómodos. Estamos ahí para nosotros, para comprender nuestro sufrimiento y nuestras dificultades y, así, poder transformarlos. Antes de escuchar a otra persona, necesitamos pasar un tiempo escuchándonos nosotros.

La felicidad y el sufrimiento interson

Disfrutar la felicidad no significa que no tengamos sufrimiento. La principal aflicción de nuestra civilización moderna es que no sabemos cómo manejar el sufrimiento interno, por ello tratamos de ignorarlo con todo tipo de consumo, y el mercado está lleno de mercancías que ayudan a distraer nuestra atención. Hasta que no seamos capaces de enfrentarnos a nuestro sufrimiento, no podremos estar disponibles para la vida, y la felicidad continuará eludiéndonos. El arte de la felicidad es también el arte de saber sufrir. Cuando aprendemos a reconocer, abrazar y entender nuestro sufrimiento, sufrimos menos. Una de las cosas más difíciles de aceptar es que no existe un lugar donde solamente hay felicidad sin sufrimiento. Si nos enfocamos exclusivamente en perseguir la felicidad, veremos el sufrimiento como algo que se interpone en nuestro camino. La práctica de la plena consciencia, nuestra capacidad de habitar en el momento presente, es la mejor manera de convivir con nuestro sufrimiento sin vernos sobrepasados por él. Con la consciencia de nuestra inhalación y exhalación, podemos generar la energía de la plena consciencia y cuidar nuestro sufrimiento por medio del reconocimiento y la aceptación, abrazándolo tiernamente. Con plena consciencia, perdemos el miedo al dolor y podemos generar la energía de la comprensión y la compasión que nos sanan y traen felicidad, tanto a nosotros como a los demás.

Calmar la preocupación

Algunos tenemos el hábito de preocuparnos, aunque sepamos que eso no ayuda. Cuando estamos preocupados, no podemos estar en contacto con las maravillas de la vida, ni ser felices. Sentimos que nos gustaría deshacernos de esa preocupación. Pero la preocupación es parte de nosotros. Así pues, cuando la preocupación nos llegue, tenemos que saber cómo sobrellevarla, de manera pacífica, no violenta, con ternura. Podemos decir: «Hola, pequeña preocupación, sé que estás ahí. Te escucho y cuidaré muy bien de ti». Con la energía de la plena consciencia, reconocemos y abrazamos nuestra preocupación, agitación o miedo de manera cariñosa, como si abrazáramos y calmáramos a un bebé que llora, que está triste, enojado o asustado.

No te dejes engañar

El sentimiento de soledad es universal. Existe poca comunicación verdadera entre nosotros y los demás, aun dentro de la familia, y ese sentimiento de soledad algunas veces nos empuja a comprometernos en relaciones sexuales. Pensando en que así nos sentiremos menos solos, pero esta es una falsa creencia. No debemos engañarnos. Cuando no existe una verdadera comunicación entre dos personas a nivel de corazón y espíritu, una relación sexual hará sufrir a ambas y se abrirá más la brecha que las separa. Al final se sentirán aún más solas.

Reconocer y transformar el apego

Todos tenemos una tendencia al apego. Cuando nacemos, el apego al yo ya existe. Aun en las relaciones amorosas sanas, existe algo de posesividad y apego, pero si es excesivo, ambas personas sufrirán. Si un padre piensa que su hijo es «suyo» o si alguna de las personas en la relación quiere controlar a la otra, el amor se convierte en una prisión y el flujo de la vida se obstruye. Sin la plena consciencia, el apego se convierte en aversión. Tanto apego como aversión llevan al sufrimiento. Mira profundamente para que puedas detectar la naturaleza de tu amor y el grado de apego que tienes. Entonces podrás comenzar a desatar los nudos. Las semillas de amor verdadero ya están dentro de nosotros. Si miramos con profundidad, las semillas del sufrimiento y del apego se harán más pequeñas, las semillas positivas crecerán y llegaremos a tener un amor que da espacio y, al mismo tiempo, lo abarca todo.

Escuchar
a nuestro niño interior

Todos llevamos dentro un niño herido al que debemos escuchar. Si somos conscientes, escucharemos la voz del niño pidiendo ayuda. Regresa y abraza tiernamente al niño herido. Puedes hablarle directamente con el lenguaje del amor: «En el pasado, te abandoné. Lo siento mucho. Sé que estás sufriendo. Te descuidé. Ahora, estoy aquí para ti. Haré todo lo que pueda para cuidarte». Puedes llorar con tu niño interior. Cada vez que lo necesites, puedes sentarte y respirar con ese niño. «Inhalando, estoy aquí para ti. Exhalando, te daré todo mi cuidado». Habla con tu niño varias veces al día, y entonces llegará la sanación. Abraza a tu niño interior con ternura, dale la seguridad de que nunca lo abandonarás de nuevo. El niño herido ha estado abandonado durante mucho tiempo. Escucha cuidadosamente a tu niño interno. Cuando subas a una hermosa montaña o contemples una puesta de sol, invita a tu niño a disfrutar contigo. Si conectas con el presente con la profundidad necesaria, podrás sanar el pasado. Nuestro niño herido puede que represente varias generaciones. Nuestros padres y ancestros quizá no supieron cómo cuidar a su niño herido y, por eso, nos transmitieron ese niño a nosotros. Nuestra práctica consiste en terminar con el ciclo. Si sanamos a nuestro niño herido, nos liberamos y ayudamos a que se libere aquel que nos hirió o abusó de nosotros. Podremos comenzar a mirar a los que nos hirieron como víctimas de abuso que no han podido transformar su sufrimiento. Si practicamos con nuestro niño interior, nuestro sufrimiento se reducirá y experimentaremos una transformación.

Escuchar a otros

La manera más efectiva de mostrar nuestra compasión es escuchar a la otra persona. Una vez que aprendemos a escuchar nuestro propio sufrimiento con compasión, podremos escuchar a otros con la misma compasión, y nuestra escucha será como un ungüento para sus heridas. Escuchamos con un solo propósito, que es darles la oportunidad de expresar lo que traen en su corazón para que puedan sufrir menos. Nos abstenemos de interrumpir o de intentar corregir lo que escuchamos. Cuando vemos y comprendemos el sufrimiento de la otra persona, nace la compasión en nuestro corazón y dejamos de culparla por su comportamiento. Lo único que deseamos es ayudar y traer un remedio. Podemos hacerlo si escuchamos atenta y compasivamente, sin juzgar.

Escuchar con atención

Siempre que hablo con un amigo, pongo toda mi atención a sus palabras y tono de voz. Como resultado, escucho sus preocupaciones, sueños y esperanzas. No es fácil escuchar con la profundidad necesaria para comprender todo lo que la otra persona está tratando de decirte, pero todos podemos cultivar esta capacidad.

Desatar los nudos internos

Algunos de nosotros no podemos pensar en nuestro padre o nuestra madre sin sentir ira o tristeza. El sufrimiento que experimentamos cuando niños se acumula y forma bloques de dolor, ira y frustración en nuestra consciencia, cosa que nos ata y obstruye nuestra libertad. Estos nudos internos tienen el poder de guiarnos y dictar cómo comportarnos. Cada uno de nosotros tenemos formaciones internas como estas a las que necesitamos atender y cuidar. Con la práctica de la meditación, podemos desatar los nudos y conductas habituales que nos atan. De esa forma, experimentamos la transformación y sanación que tanto necesitamos para restablecer las relaciones tirantes o rotas que tengamos con los demás, y no transmitiremos ese sufrimiento a la siguiente generación.

Reconciliación
vía telefónica

En los retiros que ofrecemos, el cuarto día pedimos a los participantes que apliquen lo que han aprendido para restaurar la comunicación con alguna persona. Muchos estamos alejados de algún miembro de la familia, quizá estés enojado con tu padre y no puedas pensar en nada amable que decirle. Ahora has practicado unos días observando tu propio sufrimiento y el de la otra persona. Si ella está participando en el retiro, será más fácil, porque habrá escuchado algunas de las enseñanzas y habrá practicado también. Pero si está en casa, puedes usar tu teléfono móvil y llamarle. Practica la plena consciencia en la respiración y al andar para estar calmado. Después de tres o cuatro días de práctica, has experimentado una transformación interna, y cuando marques el número y escuches su voz, de pronto te darás cuenta de que eres capaz de escuchar profundamente y de usar un lenguaje de amor bondadoso. «Papá, sé que has sufrido mucho durante años y yo no he podido ayudarte. Solo hice que la situación empeorara. He sido necio y he estado enojado porque no comprendía tus problemas. No era mi intención hacerte sufrir. Por favor, cuéntame tus problemas y dificultades». Cuando hables de esta manera, el corazón de la otra persona se abrirá, se restablecerá la comunicación y los dos sanaréis. La semilla de la compasión y la capacidad de la escucha profunda están en tu corazón, solo necesitas la plena consciencia para descubrirlas. La reconciliación es posible en cualquier relación, incluso entre partes o naciones en conflicto.

La reconciliación ocurre en el interior

Una vez, alguien me escribió: «He cometido errores en el pasado. Ahora me gustaría reconciliarme con mi hija. Pero cada vez que le escribo y le pido que nos encontremos, ella no acepta. ¿Qué puedo hacer?». Quizá piensas que la reconciliación es posible solamente reuniéndote con la otra persona. Pero, en realidad, la reconciliación ocurre dentro de nosotros. Aceptar la responsabilidad de nuestras acciones es el primer paso. Cuando puedes aceptar tu falta de habilidad y tus descuidos, la compasión y visión profunda nacen en tu corazón. Si no has logrado la reconciliación dentro de ti, será difícil que te reconcilies con la otra persona. Si hay reconciliación en tu interior, la paz y el amor vuelven a ser posibles. Cuando la paz y el amor toman forma en tu cuerpo, puedes cambiar la situación más fácilmente.

Los cuatro mantras

Los cuatro mantras son fórmulas mágicas que se pueden practicar en la vida diaria para ayudarnos a conectar con los demás, especialmente con los que amamos. Un mantra tiene el poder de transformar la situación, pero solo funciona si estamos realmente presentes y a disposición de la otra persona. El primer mantra es «Estoy aquí para ti». El regalo más grande que podemos dar a otro, es nuestra verdadera presencia. Esto es lo que establece una conexión de verdad. El segundo mantra es «Yo sé que estás ahí y eso me hace muy feliz». Estar presente por completo y saber que el otro también está ahí es un milagro. Cuando estás realmente ahí, eres capaz de reconocer y apreciar la presencia del otro ya sea la luna llena, las flores de magnolia o la persona que amas. El tercer mantra es «Querida, sé que estás sufriendo». Cuando estás consciente, puedes darte cuenta de que la persona que amas está sufriendo. El cuarto mantra es el más difícil. Se practica cuando tú sufres y piensas que la otra persona es quien te ha causado el sufrimiento. «Estoy sufriendo. Por favor, ayúdame». Muchas personas no lo pueden decir por el orgullo que hay en su corazón. En el amor verdadero no hay lugar para el orgullo. Al escuchar tus palabras, la otra persona volverá a sí misma y mirará profundamente. Entonces los dos podréis ser capaces de arreglar la situación, soltar las falsas percepciones y reconciliaros.

La visión del no-yo

Algunas veces cuando practico la caligrafía, invito a mi madre, mi padre o mis ancestros a dibujar conmigo. Aunque ellos ya murieron, estamos dibujando juntos, conecto con la visión profunda del no-yo y entonces se convierte en una práctica de meditación profunda. La meditación, el trabajo, la alegría y la vida se convierten en una sola cosa. Cuando camino, lo hago por mi padre. Camino por mi madre. Camino por mi maestro. Camino por mis estudiantes. Quizá tu madre o tu padre nunca supieron cómo andar con plena consciencia, disfrutando cada momento y cada paso. Así que podemos andar con plena consciencia por ellos, y todos nos veremos beneficiados.

Dos manos de un cuerpo

Un día, estaba tratando de colgar una pintura en la pared. Mi mano izquierda sostenía el clavo y mi mano derecha el martillo. Yo no estaba muy consciente y en lugar de golpear al clavo, golpeé uno de mis dedos. La mano derecha dejó inmediatamente a un lado el martillo para cuidar de la mano izquierda, como si se cuidara a sí misma. Mi mano derecha cuidó el sufrimiento de la mano izquierda como si fuera el suyo. Mi mano izquierda no dijo: «Mano derecha, dame ese martillo. ¡Quiero hacer justicia!». Hay una sabiduría inherente en mi mano izquierda, la sabiduría de la no discriminación. Cuando tenemos este tipo de sabiduría, no sufrimos. Mi mano izquierda nunca pelea con mi mano derecha. Ambas manos disfrutan de la armonía y la comprensión.

Andar por la mañana

Cada mañana, tras despertarme y vestirme, salgo de mi cabaña y doy un paseo. Casi siempre el cielo está todavía oscuro y camino pausadamente, siendo consciente de la naturaleza que me rodea y de las estrellas que van desapareciendo. Una mañana, después de andar, regresé a mi cabaña y escribí: «Estoy enamorado de la Madre Tierra». Estaba emocionado como un joven que acaba de enamorarse. Cuando pienso en la Tierra, siento que «salgo a la naturaleza, disfrutando de toda su belleza y de todas sus maravillas», y mi corazón se llena de alegría. La Tierra me da tantas cosas. Estoy muy enamorado de ella. Es un amor maravilloso, sin traiciones. Confiamos nuestro corazón a la Tierra y ella se confía en nosotros con todo su ser.

Hacer un altar

En el altar de mi ermita en Francia, están las imágenes de Buda y de Jesús, y cada vez que enciendo incienso, me pongo en contacto con ambos, son mis ancestros espirituales. Cuando te sientes conectado con alguien que representa auténticamente una tradición, no solo consigues comprender su tradición, sino también logras comprender profundamente la tuya. Puede ser que te guste hacer tu propio altar en una estantería o sobre una mesa, poniendo flores frescas, piedras o algo hermoso que hayas encontrado en la naturaleza. Puedes colocar una o dos fotos de los miembros de tu familia que ya hayan muerto para mantener su presencia viva en tu vida. En Vietnam y en otros países del este de Asia, cada casa tiene un altar familiar. Cada vez que hay un evento familiar importante, como el nacimiento de un bebé o la marcha de un hijo a la universidad, ofrecemos incienso y compartimos las noticias con nuestros ancestros. Cuando volvemos a casa después de un largo viaje, lo primero que hacemos es ofrecer incienso a nuestros ancestros y anunciarles que ya estamos de vuelta en casa. Un altar en casa es una forma de mantenernos conectados con la naturaleza, nuestros ancestros y nuestro linaje espiritual y ofrecerles nuestros respetos para mantenerlos vivos en nosotros.

Cada segundo es una joya

Cada segundo tiene en sí mismo muchas joyas. Cada minuto, cada segundo, es en sí una joya. Cuando miramos la joya de este mismo segundo, podemos ver el firmamento, la tierra, los árboles, las colinas, el río, el océano... ¡Son tan bellos! Aprovechemos la profundidad de cada momento que se nos ha dado para vivir.

Nuestra conexión
con la Tierra

La tierra purifica y refresca. Cualquier cosa que echamos sobre la Tierra, flores fragantes, orina o excremento, la Tierra no lo discrimina. Ella lo acepta todo, puro o impuro, y lo transforma, sin importar cuánto tiempo tarde. Los humanos hacemos muchas cosas sin pensar en el daño que infrigimos a la Tierra, y aun así ella no nos castiga. Ella nos trae a la vida y nos da la bienvenida cuando regresamos muertos a ella. Cuando tenemos la visión profunda y nos sentimos conectados con la Tierra, empezamos a sentir admiración, amor y respeto por ella. Cuando comprendemos que la Tierra es mucho más que el medio ambiente, nos sentimos movidos a protegerla como nos protegeríamos nosotros. Ella está en nosotros y nosotros somos ella. Con esta calidad de comunión no nos sentimos alienados.

El sol es mi corazón

El corazón de mi cuerpo no es mi único corazón. El sol del firmamento también es mi corazón. Si mi corazón fallara, yo moriría de inmediato. Si el sol dejara de brillar, el flujo de la vida se detendría y yo también moriría. El sol es nuestro corazón fuera del cuerpo. Da vida a todo lo que hay sobre la Tierra por medio de su luz y calor, que son necesarios para existir. Las plantas viven gracias al sol. Gracias a las plantas, nosotros y otros animales podemos vivir. Todos, gente, animales, plantas y minerales nos nutrimos por medio del sol, directa o indirectamente. Mirándolo así, podemos trascender fácilmente la dualidad del yo y del no-yo y darnos cuenta de que la naturaleza está dentro de nosotros.

La felicidad no es un tema individual

Conocí a un joven que tenía alrededor de once o doce años. El día antes de su cumpleaños, su padre le preguntó: «¿Qué te gustaría para tu cumpleaños? Te compraré cualquier cosa que desees». Pero el chico no estaba emocionado. Sabía que su padre podría comprarle cualquier cosa que pidiera, pero él ya no quería más cosas. Él no era feliz porque su padre estaba siempre tan ocupado que pocas veces pasaba tiempo en casa. Después de unos momentos, el joven respondió: «Papá, lo que yo quiero ¡es a ti!». Lo que los niños más desean es la presencia de las personas que aman. Si su padre pudiera entender esto, sin duda practicaría la plena consciencia respirando o andando unos minutos, haciendo a un lado todos sus proyectos y poniéndose a disposición de su hijo. Nadie es un yo separado e independiente. Padre e hijo no son realidades separadas. El padre existe en el hijo y el hijo existe en el padre. El hijo es la continuación del padre en el futuro y el padre es la continuación del hijo hacia la fuente. Si el hijo no es feliz, el padre no puede ser feliz y si el padre no es feliz, no hay forma de que el hijo sea feliz. La felicidad de ambos está profundamente conectada. La felicidad no es un tema individual.

¿Te comprendo lo suficiente?

El habla amorosa y la escucha profunda son excelentes métodos para abrir la puerta de la comunicación con los que amamos, incluyendo a los niños. Como padres, no deberíamos usar un lenguaje autoritario con nuestros hijos, sino el lenguaje del amor y la comprensión. Solamente así, nos confiarán sus dificultades, sufrimientos, ansiedades y sueños, lo que nos permitirá comprenderlos mejor y amarlos más. Si nuestro amor no está basado en la comprensión, nuestros hijos no lo van a percibir como amor. Puedes sentarte junto a tu hijo o junto a tu pareja o amigo y preguntar: «¿Crees que comprendo lo suficiente tus problemas, tu sufrimiento, tus sueños y tus más profundos deseos? Por favor, dime. No quiero hacerte sufrir. Si no te comprendo, entonces, por favor, ayúdame a entender».

La sabiduría
de la no discriminación

En una ocasión me preguntaron: «¿Por qué damos nombres diferentes a cosas diferentes si están juntas, si son realmente una?». Esta es una muy buena pregunta. Respondí que en los nombres radican muchos problemas. Les damos nombres diferentes a los lugares, como América del Norte, Irán, Irak. Pero, de hecho, todos pertenecen a la Tierra. Israel y Palestina son dos manos de un mismo cuerpo. Tú tienes que trabajar por la supervivencia del otro lado si quieres sobrevivir tú. La supervivencia es posible si sobrevive toda la humanidad, no sólo una parte. Hasta que no podamos alcanzar la sabiduría de la no discriminación, no podremos sobrevivir todos.

Comer
con plena consciencia

Cuando comemos con plena consciencia, nos conectamos más profundamente con nuestro planeta. Ponernos en contacto con la Tierra sanará nuestro sufrimiento, nuestra depresión, nuestra enfermedad. Cuando comemos un pedazo de pan con plena consciencia, podemos ver la tierra, el sol, las nubes, la lluvia y las estrellas en nuestro pan. Sin estos elementos, el pan no existiría. Vemos que el cosmos entero nos va a nutrir porque se encuentra dentro de este pedazo de pan.

Beber té

Beber una taza de té es una forma maravillosa de asignar tiempo para comunicarte contigo. Cuando bebo mi té, solo bebo té. Detengo todos mis pensamientos y enfoco mi atención en el té. Existe solamente el té. Estoy solo yo. Existe una conexión conmigo y el té. Inhalo y soy consciente de mi inhalación, soy consciente de que mi cuerpo está ahí y también soy consciente de que ahí está el té. Es maravilloso tener tiempo para beber un té, para estar ahí, cuerpo y mente juntos, estables en el aquí y el ahora. Cuando estás realmente presente, te haces real y el té también se hace una realidad.

La plegaria

Quizá todas las plegarias vienen de nuestro simple deseo humano de felicidad y de sentirnos conectados con algo más grande que nosotros. La plegaria, ya sea en silencio, cantada o en meditación, es una forma de regresar a nosotros en el momento presente y tocar la paz que ahí existe. Es, al mismo tiempo, una forma de ponernos en contacto con lo universal e intemporal. Nuestra verdadera felicidad viene de estar conscientes en el momento presente, conscientes de nuestra conexión con todo lo que existe en el universo.

Conexión verdadera

Cada vez que andes, aunque sea una distancia corta (por ejemplo, desde casa a la parada del autobús, o del estacionamiento a tu lugar de trabajo), puedes elegir andar de manera que cada paso te traiga alegría, paz y felicidad. Al andar así, nos sentiremos conectados con nosotros, con la tierra bajo nuestros pies, con todos los demás y con todo lo que nos rodea. No es el teléfono móvil el que hace que te sientas conectado. Nunca he tenido un teléfono móvil y, aun así, nunca me he sentido desconectado. Lo que nos conecta son nuestra respiración y nuestros pasos conscientes. Si deseas conectarte con otros, todo lo que necesitas es practicar la meditación andando cada mañana, después del desayuno, durante tu camino al trabajo. Caminando en paz y con libertad es como nos conectamos a todo tipo de vida.

Práctica colectiva

La meditación no es ya un trabajo individual, la meditación en nuestro tiempo debe ser una práctica colectiva. Todo el país y todo el mundo podemos meditar juntos y mirar profundamente los problemas verdaderos de pobreza, exclusión y desesperanza.

Echar raíces

Las hojas se conocen generalmente como las hijas del árbol. Sí, son hijas del árbol, nacen de él, pero son también madres del árbol. Las hojas nutren al árbol por medio de la combinación de la savia, el agua y los minerales, los rayos de sol y el dióxido de carbono. De esta manera, las hojas se convierten en madres del árbol. Todos somos hijos de la sociedad, pero también somos madres, tenemos que nutrir nuestra sociedad. Si no tenemos raíces o estamos desconectados de la sociedad, no podemos transformarla en un mejor lugar para vivir ni para nosotros o nuestros hijos. La meditación no es escapar de la sociedad. Es una práctica que nos ayuda a echar raíces más firmes para poder ser las hojas que nutren al árbol.

Practicar por nosotros
y por los demás

El individuo está hecho de elementos no-individuo. El tipo de sufrimiento que llevas en tu corazón, eso es la sociedad. Cuando meditas, traes a la sociedad en ti y traes a todos los demás. No solamente meditas para ti, sino para la sociedad. No solo buscas soluciones a tus problemas por ti, sino por todos los demás.

Una comunidad de práctica

Cuando practicamos con otras personas, nos apoyamos mutuamente y la práctica se vuelve más fácil. En el budismo, la práctica con una comunidad se llama *sangha*. Podemos convertir a nuestra familia en una *sangha*. Si todos aprenden la escucha profunda y el habla amorosa, podemos convertir nuestro lugar de trabajo, nuestro barrio, nuestro gobierno local e incluso el Congreso en comunidades de práctica. Formar parte de una *sangha* puede sanar el sentimiento de aislamiento y separación. Practicamos la plena consciencia juntos, nos sentamos juntos, andamos juntos, algunas veces podemos beber té, cuidar el jardín o comer y lavar los platos juntos. Hacer nuestras actividades diarias con compañeros de práctica nos da una experiencia tangible de amor y aceptación. La *sangha* es un jardín lleno de variedades de árboles y flores. Cuando podemos mirarnos y mirar a los demás así de hermosos, como árboles y flores únicos, podemos realmente crecer en la comprensión y el amor entre nosotros. Una flor puede hacer su floración al inicio de la primavera y otra más tarde en el verano. Un árbol puede tener muchos frutos y otro puede ofrecer una sombra refrescante. Ninguna planta es mejor que otra.

La comunidad
está en todas partes

Podemos comenzar a construir una *sangha* con nuestra pareja, nuestra familia en casa o podemos reunirnos con amigos una vez a la semana o una vez al mes para practicar juntos. Practicamos para crear paz, felicidad y alegría en esa pequeña *sangha*. Al mismo tiempo, podemos mirar a nuestra pequeña *sangha* en el contexto de la *sangha* más grande, practicamos con ayuda de nuestros maestros, padres, amigos y todos los seres vivos en el mundo animal, vegetal y mineral. Vive en tu vida diaria de manera que puedas sentir su presencia contigo todo el tiempo. Haz todo lo que puedas para dar felicidad y bienestar al aire, el agua, las rocas, árboles, aves y también a los humanos.

El día de hoy

La vida se encuentra sólo en el momento presente. Pienso que deberíamos tener un día de fiesta para celebrar este hecho. Tenemos fiestas para tantas ocasiones importantes, Navidad, Año Nuevo, Día de la Madre, Día del Padre, también para la Tierra, ¿por qué no celebrar un día en el que podamos vivir felices en el momento presente durante todo el día? Me gustaría declarar hoy el Día de Hoy, un día dedicado a tocar la tierra, el firmamento, los árboles y la paz que se encuentra disponible en el momento presente.

Inteligencia colectiva

Cuando las hormigas se reúnen en un hormiguero, hay inteligencia, hay cooperación, hay pensamiento y visión, saben exactamente qué deben y que no deben hacer. El hormiguero se comporta como un organismo. Si hay cinco, diez o una docena de hormigas lejos del resto, ellas no saben qué hacer, se confunden y corren en círculos sin rumbo. Lo que hace la comunidad de hormigas no lo puede realizar un solo individuo, no hay un líder en la comunidad, y lo mismo sucede con las abejas y las termitas. Cuando las personas se reúnen en una *sangha*, comienzan a operar como un organismo; hay inteligencia, imaginación, visión, estabilidad y sabiduría.

Una orquesta sin director

En nuestro cerebro, hay una multitud de neuronas que se comunican unas con otras y al interactuar producen pensamientos, sensaciones e ideas, pero no hay una neurona que sea la directora, es como una orquesta sin director o una colmena con sus abejas trabajando juntas. La abeja reina no es la líder, su único deber es producir la siguiente generación de abejas. Si miramos nuestro cuerpo, veremos una multitud de células trabajando juntas, pero no hay un jefe. Una *sangha* es una comunidad de personas que, juntas, practican plena consciencia, concentración y visión profunda, como en una colmena, donde todas trabajan en armonía.

Todos necesitamos una *sangha*

En 1966 fui exiliado y, una vez en Occidente, trabajé por la paz para mi país. Me sentía como una abeja realizando una misión, cercenado del panal, como una célula fuera del cuerpo, en riesgo de secarme y morir. Como practicante, separarte de tu *sangha* es una especie de muerte, y como no quería que eso me sucediera, me puse en contacto con los líderes de la comunidad académica y espiritual de varias tradiciones que buscaban la paz y, juntos, creamos una comunidad de práctica. Sabía que, sin una *sangha*, yo no podría sobrevivir. A dondequiera que voy, llevo mi *sangha* en mi corazón, y donde sea que esté, siempre comienzo a construir una *sangha*.

Meditación del té

En Plum Village a menudo hacemos la meditación del té. Nos tomamos el tiempo para preparar todo con antelación y poder disfrutar de una atmósfera silenciosa y pacífica. Ordenamos los cojines y esterillas en círculo y ponemos un bello florero en el centro. Luego nos juntamos para disfrutar una taza de té, una galleta y la compañía de los demás durante una hora y media. No tenemos nada que hacer ni un lugar a donde ir. En una atmósfera serena, íntima e informal, compartimos poemas, canciones e historias. Generalmente, solo te lleva unos minutos beber una taza de té, pero si te tomas el tiempo para estar realmente presente para los demás, te nutres de comprensión y felicidad mutua.

Paz en mí, paz en el mundo

Con plena consciencia y practicando la paz, podemos comenzar a transformar las guerras dentro de nosotros. Hay técnicas para hacer esto. La respiración consciente es una de ellas. Cada vez que nos sintamos molestos, nos detenemos dejando de hacer lo que estamos haciendo, nos abstenemos de decir cualquier cosa e inhalamos y exhalamos varias veces, conscientes de cada inhalación y cada exhalación. Si aún estamos enojados, podemos salir a caminar, siendo conscientes de cada paso lento y de cada respiración que hagamos. Si cultivamos la paz interior, podemos llevar paz a la sociedad. Depende de nosotros. Si practicamos la paz en nosotros, estamos disminuyendo el número de guerras entre este y otro sentimiento, esta o aquella percepción.

Practicar la plena consciencia cada día es la base del cambio

L a práctica diaria de la plena consciencia, es lo que traerá la verdadera emancipación y el cambio social. La acción social debe tener su base en una práctica real y consolidada de la plena consciencia. El cambio político y social será mucho más fácil cuando tengamos como base una práctica espiritual. Con la práctica regular de la plena consciencia, nuestra dirección será clara y sabremos qué hacer y qué no hacer en la vida diaria, lo que ayudará a nuestras comunidades a ser más comprometidas con el cambio social. Nuestras comunidades tienen un profundo deseo de que haya justicia social. Esto solo se puede lograr por medio de la transformación de nuestra consciencia colectiva. Toda acción política, desde protestas hasta campañas de cabildeo, solo serán significativas si nacen desde nuestra propia libertad, comprensión y compasión, así como de nuestra paz y alegría.

Olivos

Un año fui a un retiro en Italia y noté que los olivos crecían en pequeños grupos. Me sorprendió y pregunté por qué habían plantado esos árboles en grupos de tres o cuatro. Nuestros amigos explicaron que cada grupo era realmente solo un árbol. Hubo un invierno muy crudo en el que todos los olivos murieron. Pero, en la profundidad, las raíces estaban todavía vivas y cuando llegó la primavera, los jóvenes troncos brotaron en grupos, así es que, en lugar de tener un tronco, cada árbol tenía tres o cuatro. Parecían árboles de olivo separados, pero de hecho eran uno solo.

Verdadera comunidad

¿Será posible convertir el Congreso o el Parlamento en una comunidad? Nuestra sociedad está formada sobre la base de una visión dualista de yo y el otro, es una visión que incrementa el interés propio. No estamos acostumbrados a pensar en nosotros como una comunidad o a percibir la realidad en términos de armonía universal y paz. Volver a nosotros y mirar profundamente la situación de nuestra sociedad nos permite reconocer los factores que han traído esa falta social de armonía, conflicto y sufrimiento. Al mismo tiempo reconocemos que hay un camino de plena consciencia y armonía que puede traer la transformación y la sanación, que nos conduciría a la hermandad, a estar conectados realmente y a ser una verdadera comunidad.

Comunidad global

Sin importar lo que la gente piense sobre el tema, la humanidad se convertirá en una comunidad global. La separación y destrucción están sucediendo por todas partes a nivel mundial. ¿Podremos ser como las hormigas y las abejas y trabajar juntos y en armonía? Construir una comunidad es un arte. Una comunidad de práctica es un organismo que funciona de acuerdo a los principios de la plena consciencia, concentración y visión profunda. Para evitar la discordia, la destrucción y el sufrimiento, cada uno podemos contribuir con nuestra práctica, nuestra visión y experiencia en la construcción de comunidades para crear una comunidad global.

Restablecer el equilibrio

La Tierra ya ha pasado por mucho sufrimiento del cual ha podido resurgir y recuperarse. Ha experimentado desastres naturales, tales como colisiones con otros planetas, meteoritos y asteroides, así como severos períodos de sequía, incendios forestales y terremotos, y ha podido recuperarse. Ahora, nosotros estamos sometiendo a la Tierra a tantos daños con la contaminación de la atmósfera, el calentamiento del planeta y el envenenamiento de los océanos, que ya no puede sanar por sí misma. La Tierra ha perdido su equilibrio. Nosotros hemos perdido la conexión con la Tierra y sus ritmos naturales. Todos tenemos que aceptar la responsabilidad de lo que le está sucediendo al planeta y ver cuál es nuestro papel en este proceso para saber qué hacer y proteger a la Madre Tierra. No podemos esperar que solo ella nos cuide, nosotros también debemos cuidarla. Si no restablecemos el equilibrio de la Tierra, continuaremos causando su destrucción y será difícil que la vida en la Tierra pueda continuar. Tenemos que darnos cuenta de que las condiciones que nos pueden ayudar a restaurar el equilibrio necesario provienen de nuestro interior, de nuestra plena consciencia, de nuestro nivel de consciencia. Nuestra consciencia despierta es lo que puede sanar a la Tierra.

Hierbas frescas

Durante la Guerra de Vietnam, teníamos tantas cosas por las que preocuparnos... Las bombas caían cada día y la gente continuaba muriendo. Mi mente estaba enfocada en cómo ayudar a detener la guerra, la muerte, el sufrimiento. No tenía tiempo de estar en contacto con las maravillas de la vida que refrescan y sanan. Mi cuerpo y mi mente no obtenían la nutrición que necesitaban. Un día, uno de mis estudiantes trajo una cesta llena de hierbas frescas para nuestro almuerzo (en Vietnam, normalmente comemos hierbas frescas en las comidas) y yo me quedé maravillado solo con verlas. Me di cuenta de que no había tenido tiempo de pensar en cosas como las hierbas frescas y las cosas sencillas cotidianas que representan las maravillas de la vida. Esta experiencia me enseñó que no debía quedar totalmente inmerso en el trabajo, ya que eso provocaba que me ahogara en él. Debía dedicar tiempo a vivir, a estar en contacto con los elementos refrescantes y sanadores que están en mí y a mi alrededor. Un simple plato de hierbas frescas fue suficiente para recuperar mi estabilidad. Los que somos activistas siempre queremos tener éxito en nuestros intentos de ayudar al mundo, pero si no mantenemos el equilibrio entre nuestro trabajo y la nutrición espiritual, que es la práctica de la plena consciencia, no podremos llegar muy lejos. La práctica de la meditación andando, la respiración consciente, el contacto con los elementos refrescantes y sanadores que tenemos dentro de nosotros y a nuestro alrededor, son cruciales para nuestra supervivencia y nos ayudarán a continuar trabajando durante mucho tiempo.

Una ética global

El mundo en que vivimos está globalizado. Las economías de medio mundo afectan a la nuestra. Nuestras políticas, educación, cultura y consumo se extienden más allá de las fronteras nacionales. Nuestra ética y valores humanos también necesitan globalizarse. Un nuevo orden global requiere una nueva ética global que todos podamos abrazar. Un código compartido de ética es la clave para enfrentar los verdaderos retos de nuestro tiempo. En todo el mundo estamos enfrentando el cambio climático, la violencia y las guerras. El fanatismo, la discriminación, la división, las injusticias, las crisis económicas y la destrucción del medio ambiente nos afectan a todos. Podemos sentarnos juntos, como pueblos de muchas naciones y tradiciones, con el objetivo de identificar las causas del sufrimiento global y encontrar soluciones. Si miramos con claridad, calma y paz, podremos ver las causas de nuestro sufrimiento y encontrar una salida. Somos muchas culturas y naciones diferentes, cada una con sus propios valores, formas de comportamiento y criterios para una conducta ética. Cada país, cultura y tradición puede ofrecer algo hermoso. Tomará toda nuestra sabiduría colectiva elaborar un código de ética global. Con la visión de todos los pueblos y tradiciones, podemos crear una ética global que esté basada en el respeto mutuo.

Crear un verdadero cambio

Tiene que haber una revolución, y esa revolución ha de comenzar dentro de cada uno. Cuando cambiemos la manera de mirar al mundo, cuando nos demos cuenta de que somos uno con la Tierra y empecemos a vivir con plena consciencia, nuestro sufrimiento disminuirá. Cuando no estemos saturados por nuestro sufrimiento, tendremos la compasión y comprensión necesarias para tratar a la Tierra con amor y respeto. Al restaurar el equilibrio en nosotros, podremos empezar a trabajar por el equilibrio de la Tierra. No existe diferencia entre preocuparnos por el planeta y preocuparnos por nosotros y nuestro bienestar. No hay diferencia entre sanar el planeta y sanarnos a nosotros.

El cambio verdadero solo sucederá cuando nos enamoremos de nuestro planeta. Solo el amor nos muestra cómo vivir en armonía con la naturaleza y con los demás, así como a salvarnos de los efectos devastadores de la destrucción del ambiente y el cambio climático. Cuando reconocemos las virtudes y talentos de la Tierra, nos sentimos conectados con ella y nace el amor en nuestros corazones. Queremos estar conectados. Eso significa el amor: ser uno. Cuando amas a alguien, quieres cuidar a esa persona como te cuidas a ti mismo. Cuando amamos de esta manera, el cuidado se vuelve recíproco. Haremos cualquier cosa por el beneficio de la Tierra y podemos confiar en que ella, por su parte, hará todo lo que esté en su poder por nuestro bienestar.

La Tierra
vista desde el espacio

En 1969, por primera vez, la gente vio imágenes de la Tierra tomadas por astronautas en órbita alrededor de la luna. Esta fue la primera vez que pudimos ver la totalidad de nuestro planeta. Vista desde el espacio, pudimos ver a la Tierra como un sistema vivo. Pudimos ver qué hermosa pero también qué frágil es la Tierra y su atmósfera, una pequeña capa que nos protege a todos. A los astronautas, la Tierra les pareció una joya dinámica, viva y siempre refulgente. Cuando vi por primera vez esas imágenes, me quedé atónito. Pensé: «Querida Tierra, no sabía que eras tan hermosa. Pero te veo en mí. Y yo me veo en ti».

Despertar colectivo

Muchos en el mundo estamos tratando de crear una especie de despertar colectivo. Si logramos hacerlo, todos estaremos bien y sabremos cómo vivir juntos en armonía unos con otros y con la Tierra. Juntos, sabremos qué hacer para salvar al planeta y hacer posible un futuro para nuestros hijos y los hijos de nuestros hijos. Este cambio de consciencia se podrá lograr cuando nos demos cuenta de la naturaleza interdependiente de nuestra realidad, un despertar que cada uno puede experimentar de manera única. Este darnos cuenta no será el resultado de una ideología o de un sistema de pensamiento, será el fruto de nuestra experiencia directa de la realidad y sus múltiples relaciones.

Compartir nuestra visión

Tenemos que aprender a hablar alto, para que nuestras voces y las voces de nuestros ancestros espirituales puedan ser escuchadas en este peligroso momento crucial en la historia. Debemos compartir nuestra luz con el mundo para que no se hunda en la oscuridad total. Cada uno tenemos la semilla del despertar y la visión en nuestro corazón. Ayudémonos unos a otros a descubrir estas semillas para que cada uno tenga el valor de hablar. Tenemos las herramientas. Tenemos el camino. Tenemos la habilidad que se requiere, por la práctica de la visión. Solo necesitamos comenzar. Con un paso, una respiración, podemos comprometernos a vivir la vida diaria de manera que traiga felicidad y bienestar al planeta, a nuestras amadas comunidades y a nosotros mismos.

Prácticas para conectar

Prácticas para unir cuerpo y mente
y volver a estar en contacto con la vida
en el momento presente.

Volver a casa en el cuerpo

Es bueno practicar con regularidad la meditación sentada, aunque sea solo durante diez minutos antes de ir a la cama o por la mañana antes de iniciar el día. Puedes practicar meditación sentada en el autobús, en el coche mientras estás esperando en un semáforo rojo, en el aeropuerto, en el trabajo antes de una reunión o durante un descanso. La práctica regular es la forma de establecer y mantener una conexión con nuestro cuerpo, nuestras sensaciones y nuestra mente. Esto nos trae paz y claridad. Cuando te sientes a meditar, asegúrate de estar en una posición cómoda con la espalda recta, pero no rígida, los ojos cerrados o medio abiertos, la mandíbula relajada igual que los hombros. Una media sonrisa en tus labios ayuda a relajar todos los músculos de la cara y hace que surja una sensación de paz y alegría. Comenzamos tomando consciencia de nuestra respiración, siguiéndola, notando cómo el abdomen sube y baja suave y gozosamente. ¡La meditación no es un trabajo arduo! Puedes ir repitiendo estas frases en silencio mientras estás sentado o puedes acostarte sobre el piso para practicar la relajación profunda del cuerpo, revisando cada una de sus partes y soltando la tensión, generando así una sensación de bienestar.

Inhalo y sigo mi inhalación durante todo el trayecto
   desde el inicio hasta el final.
Exhalo y sigo mi exhalación durante todo el trayecto
   desde el inicio hasta el final.

Consciente del suave movimiento del aire al pasar por mi cuerpo, inhalo.
Soltando cualquier tensión que tenga en mi cuerpo, exhalo.

En contacto con mis hombros y abdomen, inhalo.
Relajando mis hombros y mi abdomen, exhalo.

Consciente del estado de mi cuerpo, inhalo.
Dando gracias a mi cuerpo, exhalo.

Inhalo y vivo pacíficamente el momento presente.
Exhalo y sé que este es un momento maravilloso.

Meditación guiada

La plena consciencia tiene dos funciones. La primera es ponerse en contacto con las maravillas y la belleza de las cosas que nos rodean. La segunda es ponernos en contacto con las emociones difíciles, tales como la ira, el miedo, el dolor y la tristeza dentro y alrededor de nosotros. La plena consciencia puede ayudarnos a reconocer y abrazar estos sentimientos difíciles y transformarlos. Podemos practicar las meditaciones guiadas para ayudarnos en esta práctica del reconocimiento y la transformación de las emociones difíciles o el pensamiento negativo. Siempre empezamos por cultivar la consciencia de la respiración y del cuerpo, calmando la respiración y el cuerpo, relajando y soltando las tensiones en el cuerpo. Luego podemos avanzar para identificar y abrazar nuestros pensamientos y sentimientos. Esta es una sencilla meditación guiada para practicar.

Inhalando, soy consciente de mi inhalación,
exhalando, soy consciente de mi exhalación.
Dentro, fuera.

Inhalando, mi respiración se vuelve profunda,
exhalando, mi respiración se vuelve lenta.
Profunda, lenta.

Consciente de mi cuerpo, inhalo,
relajando mi cuerpo, exhalo.
Consciente del cuerpo, relajando el cuerpo.

Consciente de mis sentimientos, inhalo,
calmando mis sentimientos, exhalo.
Consciente de sentimientos, calmando sentimientos.

Consciente de mis pensamientos, inhalo,
alegrando mis pensamientos, exhalo.
Consciente de los pensamientos, alegrando los pensamientos.

Inhalando, siento felicidad por estar vivo,
exhalando, sonrío a la vida.
Feliz, sonriendo.

Meditación andando

Cuando caminamos con plena consciencia, nuestros pies conectan con la Madre Tierra. Damos pasos suaves y ponemos toda nuestra consciencia en cada paso. Con pasos como estos, tenemos el poder de salir del estado de separación y regresar a un refugio verdadero, reconectando con nosotros y con la Tierra. Cada paso puede ser nutritivo y sanador. Cada vez que caminamos, sea en el aeropuerto, en el supermercado o en un sendero del bosque, estamos caminando sobre la Madre Tierra. Camina de manera natural, relajada, combinando tus pasos con tu respiración. Cuando inhalas, puedes dar uno, dos o tres pasos. Cuando exhalas, quizá quieras dar unos pasos más de los que hiciste en tu inhalación. Por ejemplo, puedes dar dos pasos cuando inhalas y tres cuando exhalas.

Dentro, dentro.
Fuera, fuera, fuera.

Quizá te guste tratar de hacer más lenta la meditación caminando.
Damos un paso con cada inhalación y un paso con cada exhalación.
Caminamos por nosotros, por los que amamos y por todo el
mundo. Caminamos con plena consciencia, recogiendo nutrición
de la Tierra, y con cada paso prometemos proteger a todos los
seres vivos. En vez de contar, podemos también usar palabras
para acompañar nuestros pasos.

Vuelvo a casa, a la Tierra.
Vuelvo a mi origen.

Tomo refugio en la Madre Tierra.
Suelto todo mi sufrimiento a la Tierra.

La Madre Tierra está en mí.
Yo estoy en la Madre Tierra.

Sanando al niño herido

Cuando niños, fuimos muy vulnerables. Nos lastimaban fácilmente. Ese dolor está todavía en nosotros. El niño de cinco años herido está todavía ahí y necesita que lo escuchemos. Si queremos conectar con otros y comprenderlos, tenemos, primero, que tener la habilidad de hacer lo mismo con nosotros. Podemos practicar poniéndonos en contacto con nuestro niño interior para reconocer, abrazar y transformar su sufrimiento. Podemos practicar la reflexión en nosotros como un niño de cinco años y también podemos hacerlo con nuestros padres, hermanos o aquellos que pensamos que nos han hecho sufrir. Esta es una sencilla meditación guiada para que practiques.

Inhalando, sigo mi inhalación.
Exhalando, sigo mi exhalación.

Inhalando, calmo mi cuerpo.
Exhalando, sonrío a mi cuerpo y me relajo.

Inhalando, me veo como un niño de cinco años.
Exhalando, sonrío al niño de cinco años que está dentro de mí.

Mirando cuán inocente, vulnerable y frágil era a los cinco años, inhalo.
Consolando y abrazando a mi niño de cinco años, exhalo.

Reconociendo las emociones fuertes de cuando tenía cinco años, inhalo.
Calmando las emociones fuertes de cuando tenía cinco años, exhalo.

Sintiendo amor y compasión por mi ser de cinco años, inhalo.
Consolando a mi ser de cinco años, exhalo.

Sintiendo mi sufrimiento y soledad cuando tenía cinco años, inhalo.
Confortando y abrazando a mi ser de cinco años, exhalo.

Reconociendo las emociones fuertes de mi ser a los cinco años, inhalo.
Calmando las emociones fuertes de mi ser a los cinco años, exhalo.

Sintiendo amor y compasión por mi ser de cinco años, inhalo.
Aceptándome como soy, exhalo.

Ahora, puedes hacer la misma meditación por tu madre, tu padre u otra persona que creas que te ha hecho daño en el pasado. No sentirás mayor conexión con ellos, pero brotará el amor, la comprensión y la compasión en tu corazón.

Inhalando veo a mi madre como una niña de cinco años.
Exhalando, veo cuán frágil, inocente y vulnerable era
    cuando tenía cinco años.

Meditación del amor

Enviarnos amor y compasión a nosotros y a los demás tiene el poder de sanar y transformar nuestro sufrimiento. Podemos enviarnos energía sanadora y compasiva primero a nosotros mismos y después a aquellos que amamos, luego a alguien con quien hayamos tenido dificultades y, finalmente, a todos los seres que, donde quiera que se encuentren, estén sufriendo. Podemos decir: «Que yo», luego «Que tú», «Que ellos» y, finalmente, «Que todos los seres». Puede ser que quieras recitar esto cada noche antes de ir a la cama o durante tu práctica de meditación diaria. De esta manera podemos conectar con todo el mundo, con todos los seres, estén donde estén.

Que esté yo en paz, feliz y con luz en cuerpo y mente.

Que esté a salvo y libre de daño.

Que esté libre de ira, miedo y ansiedad.

Que aprenda a mirarme con ojos de comprensión y amor.

Que pueda reconocer y tocar mis semillas de la alegría y la felicidad.

Que aprenda a identificar y mirar mis fuentes de la ira, el deseo y la ilusión.

Que aprenda a nutrir mis semillas de la alegría cada día.

Que sepa cómo vivir fresco, sólido y libre.

Que esté libre de apegos y aversión, pero no indiferente.

Respiración consciente,
refugio de paz

Cuando nuestra respiración es estable, se convierte en una base sólida en la que podemos refugiarnos. No importa lo que esté pasando dentro de nosotros, nuestra respiración está siempre con nosotros, como una amiga fiel. Cuando nos dejamos llevar por nuestros pensamientos, cuando nos vemos rebasados por emociones fuertes, cuando nuestra mente está inquieta o dispersa, podemos regresar a nuestra respiración. Juntamos cuerpo y mente, cosechamos calma y anclamos nuestra mente. Nos hacemos conscientes del aire que entra y sale de nuestro cuerpo. Estando conscientes de nuestra respiración, esta se vuelve más ligera, calmada y pacífica de manera natural. En cualquier momento del día o la noche, ya estemos andando, conduciendo, trabajando en el huerto o sentados en nuestro escritorio, podemos volver al refugio pacífico de nuestra propia respiración.

editorial **K** airós

Puede recibir información sobre
nuestros libros y colecciones inscribiéndose en:

www.editorialkairos.com
www.editorialkairos.com/newsletter.html

Numancia, 117-121 • 08029 Barcelona • España
tel. +34 934 949 490 • info@editorialkairos.com